Julie Ponge

DO IT YOURSELF

KOMBUCHA

DER PRAXISGUIDE INS ABENTEUER

Aus dem Französischen übersetzt von Claudia Händel

Wenn du dieses Buch aufschlägst, hast du vermutlich schon eine „Kombucha-Mutter“ bei dir zu Hause oder aber du warst einfach nur neugierig. Ob gekauft oder geschenkt – jetzt besitzt du ein Lebewesen, das auf deine Fürsorge angewiesen ist. Aber keine Bange, es ist nicht so schwierig, wie es zunächst scheint. Hier findest du alles, was du brauchst, damit sich dein neuer Mitbewohner wohlfühlt!

MEINE BEKANNTSCHAFT MIT KOMBUCHA

Kombucha habe ich vor nunmehr neun Jahren in den USA entdeckt, genauer gesagt, in Portland, Oregon, einer Region, die ich sehr liebgewonnen habe. Zufällig ist dieser Teil der USA stark auf einen gesunden Lebensstil ausgerichtet; die Regale in den Lebensmittelgeschäften sind voll von Bio-Fruchtsäften, Smoothies und anderen vitalisierenden Getränken. Von Kombucha hatte ich zwar schon gehört, mich aber noch nicht zu einer Kostprobe aufraffen können.

Eines Tages ließ mich eine Freundin, die ich dort kennengelernt hatte, einen selbstgemachten Kombucha-Tee probieren, nicht ohne mich vorzuwarnen: „Ich zeige dir nicht, wie das aussieht, sonst willst du nichts davon wissen!“

Tatsächlich war ich ziemlich überrascht, denn der Geschmack hatte wirklich nichts mit dem Aussehen zu tun … Auch wenn mich nach dem Trinken der Anblick des SCOBY* etwas abgeschreckt hat, so war ich doch sofort von dem Kombucha angetan. Er war auf der Basis von Tee und roten Früchten hergestellt. Erfrischend, fruchtig und süß, wie es sein sollte. Ich war begeistert!

Wieder zurück zu Hause, ging mir immer wieder die Erinnerung an dieses Getränk durch den Kopf und der Wunsch, es selbst zu machen. Leider schaffte ich es damals nicht, den Schritt zu wagen – aus Mangel an Zeit, Informationen und weil ich dachte, dass es zu aufwendig wäre.

Acht Jahre, ein Yoga-Retreat und eine neue Begegnung später und Schwupps, war ich wieder auf dem Weg zum Kombucha oder besser gesagt, kreuzte der Kombucha wieder meinen Weg.

So wuchs in mir der Wunsch, etwas Eigenes zu erschaffen, ganz ohne Anstrengung, dafür mit viel Vergnügen und großem Genuss, etwas, das man obendrein noch weiterschenken kann.

Ich hoffe, dass du diesen Ratgeber genauso gerne lesen wirst, wie ich ihn geschrieben habe. Er ist das Ergebnis meiner Reisen, meiner Begegnungen und meiner Leidenschaft. Er wird mit neuen Erkenntnissen gewürzt werden und weiter reifen, denn auch er ist lebendig, genau wie Kombucha.

Viel Spaß beim Entdecken!

SW ST CLAIR AV
VISITOR PARKING TIME LIMITS
EXCEPT BY ZONE A PERMIT

DIE GESCHICHTE DES KOMBUCHAS

Um dieses über 2000 Jahre alte säuerlich schmeckende Getränk, das in China und der Mongolei seinen Ursprung hat, ranken sich unterschiedliche Legenden. Danach soll Kombucha zum Beispiel von einem tibetanischen Mönch „erschaffen" worden sein, der seine Tasse Tee an einem heißen Tag im Freien vergessen hatte.

Eine Brise aus den Bergen führte wilde Hefe mit sich, die sich in der Tasse absetzte. So entstand eine natürliche Gärkultur und mit ihr der Beginn der Fermentation*. Nachdem der Mönch die Eigenschaften dieses zufällig entstandenen Phänomens entdeckt hatte und das Getränk ganz nach seinem Geschmack fand, ernährte er diese gallertartige Masse weiterhin mit Tee und machte seine Freunde damit bekannt.

Einer anderen Überlieferung zufolge wurde um 400 n.Chr. ein koreanischer Arzt namens Kombu zum japanischen Kaiser Inkyo gerufen. Kombu behandelte den Kaiser mit einem besonderen Cha (Tee) bis zu seiner Genesung, daher soll sich der Name Kombucha ableiten.

Ein sicherer Nachweis der Existenz des Kombuchas stammt aus Schriften, die aus der Zeit der chinesischen Han-Dynastie aus dem 2. Jahrhundert v.Chr. überliefert sind.

In welchem ostasiatischen Land das prickelnde Getränk auch seinen Ursprung haben mag: Es verbreitete sich zunächst in Russland und der Ukraine, danach Anfang des 20. Jahrhunderts in Deutschland und später auch in Frankreich. Heute ist

Kombucha auf der ganzen Welt bekannt. Und: Bis heute kann der SCOBY, das lebendige Herz des Kombuchas aus probiotischen Bakterien und Hefen, nicht künstlich im Labor hergestellt werden.

DIE WOHLTUENDE WIRKUNG DES KOMBUCHAS

- Wirkt **antioxidativ und entzündungshemmend**
Schützt unsere Organe vor Giften und Mikroben und wirkt gegen die Zellalterung und das schlechte Cholesterin.

- Reich an Vitamin **B1, B6, B12, C**, Aminosäuren und Enzymen, die unserem Körper helfen, die Nährstoffe aufzunehmen und die unser Immunsystem stärken.
100 ml Kombucha enthalten 74 mg Vitamin **B1**, 52 mg Vitamin **B6**, 84 mg Vitamin **B12** und 151 mg Vitamin **C**.

- Vitalisierender **Energie-Booster**
Kombucha enthält Koffein, auch als Theanin oder Teein bezeichnet, das durch den Aufguss unterschiedlicher Tees entsteht (wenn auch nur in geringen Mengen, 2 bis 8 mg auf eine Flasche mit 400 ml), viele Vitamine, wie bereits erwähnt, und Eisen.

- Reich an wertvollen **Hefen und Bakterien**
Diese produzieren bei der Fermentation weitere Substanzen, insbesondere drei organische Säuren:

Essigsäure **E260**
(die in großen Mengen im Essig vorkommt, wirkt stark antimikrobiell)

Gluconsäure **E574**
(die in zahlreichen Pflanzen vorkommt)

Milchsäure **E270**
(die in Milch, aber auch im Wein und in bestimmten Obst- oder Gemüsesorten vorkommt).

- **Zuckerarm** und **mit vielen Probiotika**
Probiotika stärken unser Immunsystem und unterstützen die Verdauung dank der aus der Fermentation hervorgehenden guten Bakterien 90% des Zuckers wird von der Kombucha-Mutter während der Fermentation verbraucht. Ein Glas Kombucha enthält weniger als 30 Kalorien.

- **Alkalisch**
Sorgt für einen ausgeglichenen pH-Wert unserer Darmflora.

- **Leberschutz**
Natürliches Abführmittel mit reinigenden Eigenschaften, das den Körper bei der Entgiftung unterstützt. Es kann auch als Schutzschild gegen Gifte für Leber, Bauchspeicheldrüse und Magen wirken. Diese Funktion ist teilweise auf die starke Konzentration von Glucarsäure zurückzuführen.

Daher ist Kombucha ein ausgezeichnetes Getränk mit vielen Vorzügen dank der durch die Fermentation entstehenden Substanzen. Aber Achtung: Es handelt sich dabei um keinen Zaubertrank, eine therapeutische Behandlung oder ein Medikament, dessen Wirkungen wissenschaftlich nachgewiesen wurden. Es ist ein gesundes Getränk, mit dem wir unserem Körper von innen heraus etwas Gutes tun können, das viel besser ist, als jeder industriell hergestellte Softdrink und dessen Herstellung Spaß macht. Es ersetzt jedoch niemals eine von einer Fachperson verordnete gezielte Therapie.

MAGMA
KOMBU
CHA

KOMBUCHA TRINKEN

Damit Kombucha seine volle Wirkung entfalten kann, integriert man es idealerweise in seinen Alltag. Am besten trinkt man es täglich in kleinen Mengen anstatt nur ab und zu einmal. Auf diese Weise gewöhnt man sich eine gesunde Lebensweise an, genauso wie man regelmäßig Sport treibt. Hier einige Tipps für das Trinken von Kombucha. Wenn du ihn bisher nicht regelmäßig trinkst, fang zunächst mit kleinen Mengen an: ein halbes bis ein kleines Glas pro Tag über zwei Wochen, damit sich dein Organismus an dieses lebendige Getränk gewöhnt. Zuviel Probiotika auf einmal führen zu Alarm im Darm – das Resultat kann sich jeder lebhaft vorstellen! Wenn du dich daran gewöhnt hast, kannst du die Menge allmählich erhöhen.

KLEINER WERMUTSTROPFEN

Wer unter Übersäuerung leidet, sollte nicht zu viel und nicht zu regelmäßig Kombucha trinken, denn er ist ziemlich säurehaltig (pH-Wert zwischen 2,5 und 3,5), aber immer noch deutlich weniger sauer als die industriellen Softdrinks.

Kinder und Schwangere sollten wegen des Alkoholgehalts (auch wenn das fertige Getränk nur sehr wenig davon enthält, zwischen 0,5 und 1%) sowie der Bakterien und Hefen, die für Schwangere und das Ungeborene ein Risiko darstellen könnten, am besten keinen Kombucha trinken.

Kombucha ist ein lebendiges und nicht pasteurisiertes Getränk, da man es zuhause herstellt. Im Handel ist auch pasteurisierter Kombucha erhältlich. Allerdings hat dieses Getränk keinen gesundheitlichen Nutzen, da die Mikroorganismen abgetötet wurden.

Übertriebene Sorge hinsichtlich irgendwelcher Nebenwirkungen des Kombuchas brauchst du dir aber nicht zu machen. Die Voraussetzung ist natürlich, dass du bei der Herstellung penibel auf Hygiene achtest und keine giftige Substanz in das Getränk gelangt. Deshalb wird dringend davon abgeraten, Utensilien oder Behälter aus Metall oder Keramik zu verwenden (siehe „Geeignete Materialien“, S. 52).

Dies gilt gleichermaßen für viele andere fermentierte und somit lebendige Produkte, die bereits Bestandteil unserer täglichen Ernährung sind und die wir regelmäßig gefahrlos verzehren wie Käse, Joghurt, Sauerkraut, Gewürzgürkchen, Essig, Kimchi, Miso usw., um nur einige zu nennen.

DER SCOBY (KOMBUCHA-MUTTER, TEEPILZ, FERMENTATIONSPILZ)

Die Ausgangsbasis ist der SCOBY. Ohne ihn kein Prickeln und kein Fizz – unser Kombucha wäre einfach nur gesüßter Tee!

Der SCOBY, „Symbiotic Culture of Bacteria and Yeast“ (Symbiotische Kultur aus Bakterien und Hefe), die Kombucha-Mutter, die Kombucha-Scheibe der Symbiont* oder die „Mutter“, wie ich ihn gern bezeichne, ist eine symbiotische Kultur aus Hefen und Bakterien. Sie enthält über ein Dutzend verschiedene Mikroorganismen. Sie wird so genannt, weil es sich um einen lebenden Organismus handelt, der wächst und aus dem über den älteren Kombucha-Scheiben „Töchter“ gezogen werden können.

Einfach ausgedrückt sind es Bakterien und Hefen, die in perfekter Harmonie zusammenleben und dadurch einen Gärvorgang bewirken. Dieser entsteht dank der Fermentation, die diesen ganz besonderen säuerlichen und prickelnden Geschmack des Kombuchas ergibt.

Die Kombucha-Mutter bildet sich auf der Oberfläche des Getränks und wird so groß wie der Durchmesser des Behälters. Aufgrund ihres Aussehens wird sie häufig als Pilz bezeichnet. Sie ist eine gelatineartige Masse, von weißlicher Farbe und mehrere Zentimeter dick, die an Seetang erinnert, wenn man sie berührt. Wörtlich übersetzt bedeutet Kombucha auf Russisch *chay iz vodorosley,* „Algentee“, auf

Chinesisch *Chajun,* „Hefetee“ oder *Chemijun,* „Schimmeltee“ und auf Japanisch *Kombu,* „Alge“, woher auch sein Name Kombucha stammt, *kombu-cha*, „Algentee“.

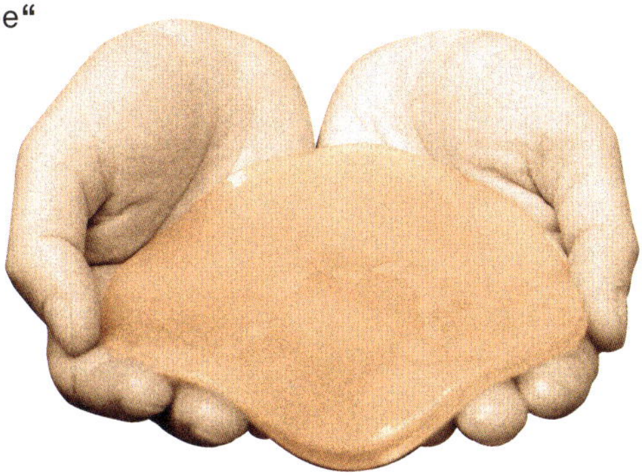

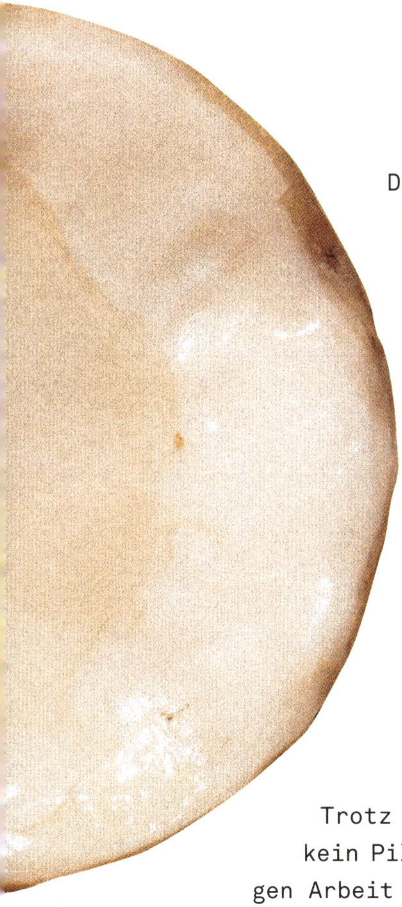

Der schwimmende Biofilm besteht aus Cellulose, einem der Hauptbestandteile von pflanzlichen Zellwänden, und ist sehr widerstandsfähig.

Trotz seines Aussehens ist der SCOBY kein Pilz, sondern entsteht dank der emsigen Arbeit der Bakterien, die auf der Oberfläche der Flüssigkeit einen Teppich aus komplexen Zuckern weben und so eine Schutzschicht bilden.

Auch gut zu wissen: Es heißt „der“ oder „die“ Kombucha, wenn die Rede von der Kombucha-Mutter ist. Wenn wir von dem Getränk Kombucha sprechen, sagen wir „der“ oder „das“ Kombucha.

Für ihre Entstehung braucht die Mutter ein Milieu, das aus Wasser, Tee, Zucker (ihrer Hauptnahrung), Wärme und Luft besteht. Wie wir nimmt die Mutter Sauerstoff auf und gibt Kohlendioxid ab. Selbstverständlich fällt jede Kultur anders aus und variiert je nach Milieu, Temperatur, Wasserqualität, Zutaten und der Biodiversität vor Ort.

Auch darf man nicht vergessen, dass dieses Getränk sehr wohl lebt, daher sind die Möglichkeiten unbegrenzt und kein Kombucha gleicht dem anderen!

Am besten beschafft man sich eine Kombucha-Mutter von einem Freund oder einer Freundin. Wenn du im Freundes- und Bekanntenkreis niemanden hast, der einen SCOBY „sponsert“, kannst du einen SCOBY auf Seiten oder Foren im Internet zum Thema Fermentation finden.

Wenn du eher der geduldige Typ bist, kannst du ein nicht pasteurisiertes Kombuchagetränk im Handel kaufen, einen Rest aufheben und es mit Tee und Zucker ernähren und reifen lassen.

MAGMA
KOMBU
CHA

DER ANSATZ

Um Kombucha herzustellen, wird eine Mischung aus Tee und Zucker + „Starter*“ (oder Ansatzflüssigkeit; einige Zentiliter des naturbelassenen Getränks aus der vorherigen Produktion) zubereitet. Die Mutter wird hineingelegt, das Ganze wird mit einem leichten Tuch abgedeckt, damit sie atmen kann, und man lässt sie fünf bis zehn Tage bei Zimmertemperatur im Dunkeln fermentieren.

Die Gärdauer variiert je nach Kraft und Größe der Mutter und je nach Zimmertemperatur. Je wärmer es ist, umso schneller wächst der SCOBY und umso schneller fermentiert er. Die Idealtemperatur liegt bei 20 bis 25 °C.

Was den Tee betrifft, so ist man gut beraten, mit schwarzem Tee anzufangen. Das ist der am häufigsten verwendete Tee. Der Starter, der die Mutter enthält, die man in den Tee gegeben hat, sowie die Mutter selbst sind sehr wahrscheinlich ebenfalls auf Basis von schwarzem Tee hergestellt worden. Am besten erkundigt man sich hierzu bei der Person, von der man die Mutter bekommt.

Stelle deinen ersten Kombucha also auf Basis des zuvor verwendeten Tees her, damit die Mutter nicht allzu sehr aus dem Konzept gebracht wird. Du kannst aber auch Mischungen machen … Wir befassen uns später genauer mit der Verwendung unterschiedlicher Teesorten im Kapitel „Tee“, S. 58.

Die Mutter ernährt sich also vom Zucker, der sich dank der Hefen in Alkohol verwandelt und schließlich dank der Bakterien in Säure. Hier ist die Fermentation am Werk!

FERMENTATION: WIE FUNKTIONIERT DAS?

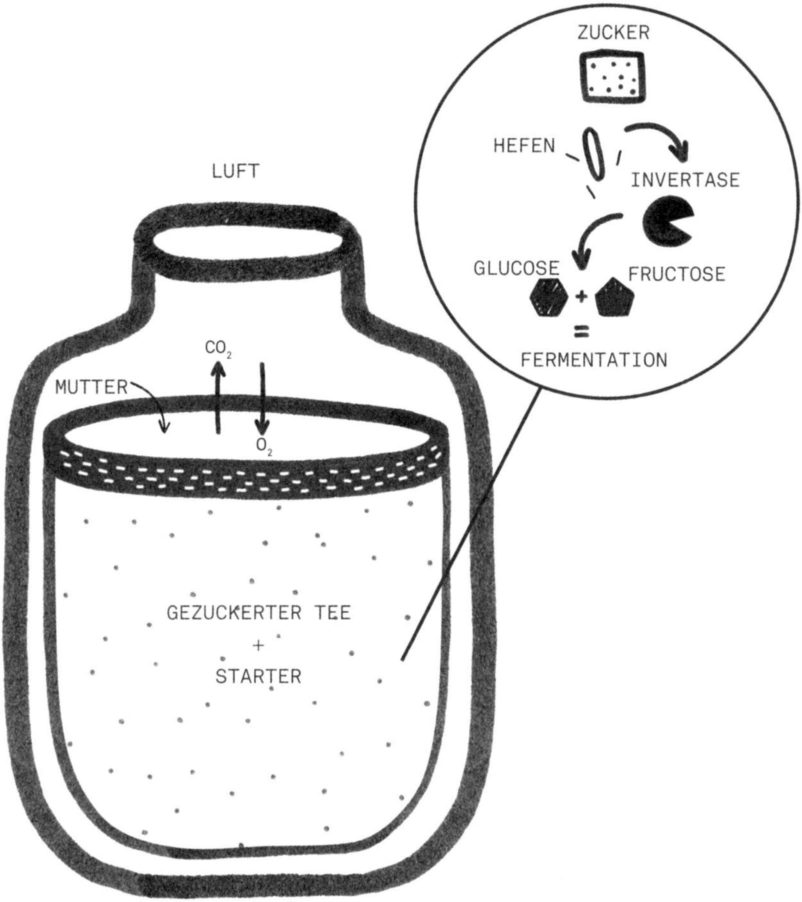

INVERTASE: Invertase ist ein Enzym, das in Früchten, Hefen und im menschlichen Körper vorkommt. Es spaltet Zucker in Glucose und Fructose auf.

DIE AUSSTATTUNG

Kommen wir jetzt zum praktischen Teil! Bevor wir anfangen: Auch wenn es eigentlich selbstverständlich sein sollte – unsere Hände müssen sauber und alle Gerätschaften sterilisiert oder gut gereinigt sein.

Gib bei der Auswahl deiner Utensilien Materialien wie Holz, Glas oder Edelstahl den Vorzug. Kunststoff sollte immer nur im Notfall genommen werden, aber nicht als Gefäß! Du kannst jederzeit recycelte Produkte nehmen.

Verwende vor allem keine Metallgegenstände, denn die Säure des Kombuchas und seine ätzenden Eigenschaften könnten das Metall und dessen Bestandteile angreifen. Chrom, Eisen und Nickel können sich durch die Säure im Getränk auflösen. Da diese Stoffe für uns und unsere kleinen SCOBYs gesundheitsschädlich sind, vermeidet man sie besten.

Hier nun die Grundausstattung, die du brauchst:

+ 1 großes Gefäß (3 Liter oder 5 Liter)
+ 1 großer Topf
+ 1 Holzlöffel
+ 1 sehr feines Sieb, ein Passiertuch/Filterbeutel aus Baumwolle oder Leinen oder Teebeutel
+ 1 Trichter
+ 1 Schöpflöffel
+ 1 Stück Gaze oder ein luftdurchlässiges und elastisches Baumwolltuch

KOMBU
CHA

DIE ZUTATEN

Verwende bevorzugt Bioprodukte und regionale bzw. möglichst naturbelassene Produkte. Sie sind die Nahrung für die Kombucha-Mutter. Je besser die Grundzutaten, umso besser das fertige Getränk!

FÜR 1 LITER KOMBUCHA

- 1 l Wasser, möglichst filtriert, oder Leitungswasser, das du 5 Minuten kochen lässt. Durch das Abkochen verringert sich der Chlorgehalt des Wassers und die im Wasser vorhandenen Bakterien und Mikroben werden abgetötet.
- 70 g Zucker
- 5 g schwarzer Tee, grüner Tee oder eine Mischung nach deinem Geschmack
- 1 Kombucha-Mutter + 10 cl „Starter"
- aromatisierende Zutaten nach Wahl (siehe S. 47–48)

1 Liter ist eine gute Menge für den Start mit einem SCOBY mittlerer Größe. Auch wenn du ausreichend Starter hast (ca. 10 cl, die du zusammen mit der Mutter bekommen hast), brauchst du dennoch mindestens 10% deiner frisch hergestellten Ansatzflüssigkeit. Auf diese Weise kann sich deine Mutter an ihr neues Zuhause gewöhnen und du kannst dich mit der Vorgehensweise vertraut machen.

Natürlich kannst du mehr Ansatzflüssigkeit für die nächste Produktion herstellen. Mit der Kombucha-Mutter musst du nichts weiter tun, als sie in die Flüssigkeit zu legen. Sie wächst von ganz allein, indem sie sich vom Zucker ernährt. Nur die Gärdauer variiert.

KOMBU
CHA

1

ERSTFERMENTATION

Und los geht's! Mach dir für den Anfang einen Arbeitsplan und halte deine Utensilien griffbereit.

1/ Erhitze das Wasser und gieße es in das Gefäß.

2/ Gib nun den Zucker hinzu, rühre gut um, bis er sich vollständig aufgelöst hat und lass das Ganze etwas abkühlen.

3/ Gib in das heiße, aber nicht mehr kochende Wasser den losen Tee (siehe S. 58) oder die gleiche Menge in Teebeuteln hinzu und lass ihn 5 bis 10 Minuten ziehen. Nimm dann den Tee heraus und lass alles auf Zimmertemperatur abkühlen. Decke das Ganze ab, damit kein Staub oder irgendwelche Partikel hineinfallen.

2

3

4

5

6

Sobald der Tee abgekühlt ist, kontrolliere, dass keinerlei Rückstände vorhanden sind. Notfalls filterst du die Flüssigkeit durch ein feines Sieb oder ein Passiertuch aus Leinen/Baumwolle.

4 & 5/ Gib nun die 10 cl Starter hinzu. Spüle deine Mutter mit klarem Wasser oder Apfelessig ab und lege sie auf die Oberfläche der Flüssigkeit im Gefäß, mit der helleren und glatteren Seite nach oben.

6/ So! Jetzt musst du das Gefäß nur noch mit Gaze und Gummiband verschließen, mit Datum und dem Namen der Mischung beschriften und den Kombucha-Zauber wirken lassen.

Gehe sehr fürsorglich mit deiner Kombucha-Mutter um, unterhalte dich mit ihr, wenn dir danach ist! Da sie ein lebender Organismus ist, ist sie für deine guten Vibes sehr empfänglich und wird ihr Bestes geben, damit du ein tolles Getränk bekommst!

Da dies dein erster selbstgebrauter Kombucha-Batch* ist, hast du zwei Möglichkeiten:

Möglichkeit 1
Im Idealfall lässt du diesen ersten Ansatz relativ lange fermentieren, mindestens einen Monat. Er wird essigsauer und ungenießbar sein. So hat deine Mutter Zeit, sich auf den Durchmesser deines Gefäßes auszudehnen und schön dick und kräftig zu werden.

Du kannst die Flüssigkeit aufheben und als Essig beim Kochen oder zum Haarewaschen verwenden – sie ist vielseitig einsetzbar (siehe S. 75).

Ganz wichtig: Bewege das Gefäß in diesem Zeitraum kein bisschen, damit die Mutter an einem Stück wächst und dick wird. Bewegung führt zur Entstehung einer neuen Mutter oder aber sie sinkt auf den Boden des Gefäßes ab. Das ist zwar nicht schlimm, aber wir wollen ja eine recht kräftige Mutter bekommen.

Du musst jetzt nur die Schritte 1 bis 5 wiederholen, um dieses Mal eine trinkbare Charge zu erhalten.

Möglichkeit 2
Wenn Geduld nicht deine Stärke ist, dann befolge alle Herstellungsschritte und lass das Ganze über einen „normalen" Zeitraum fermentieren (5 bis 10 Tage). In den darauffolgenden Tagen probiere dein Getränk immer wieder, bis es nach deinem Geschmack ist.

KOMBU
CHA

ZWEITFERMENTATION

Sobald der Kombucha nach deinem Geschmack ist und leicht prickelt, kannst du die zweite und letzte Phase in Angriff nehmen: die Flaschenabfüllung!

Nimm am besten eine Bügelflasche (aus Glas), denn mit dem Bügelverschluss lässt sich das Prickeln des Kombuchas gut konservieren. Du kannst aber auch jede andere Glasflasche mit einem dichten Verschluss nehmen.

1/ Nimm mit gründlich gewaschenen Händen die Mutter aus deinem Starterglas und leg sie auf einen Teller. Du kannst sie gerne etwas mit klarem Wasser oder mit Apfelessig abspülen, wenn sie zu viele Rückstände aufweist.

2/ Entnimm ca. 10 cl der Ansatzflüssigkeit. Diese dient dir als Starter für dein nächstes Getränk, aber auch zur Konservierung deiner Mutter, damit sie schön feucht bleibt und weiterwächst, wenn du keine neue Charge herstellst.

3/ Filter das Getränk durch das Passiertuch/den Filterbeutel oder ein feines Sieb und fülle es mithilfe eines Trichters in Flaschen ab.
Mach die Flaschen nicht randvoll, sondern lass etwas Platz für die Zutaten zur Aromatisierung.

Zitronenverbene

Kaviarlimette

4/ Füge nach deinem Geschmack und nach Saison Zutaten zur Aromatisierung hinzu: Minzblätter, Holunderblüten, Gewürze, frisch gepressten Saft, frische, tiefgefrorene oder Trockenfrüchte.
Mein Lieblingsrezept ist nach wie vor der klassische Ingwer-Kombucha.

5/ Verschließe die Flasche wieder und lass sie 3 bis 5 Tage bei Zimmertemperatur an einem halbschattigen Platz stehen. Wenn du den Kombucha lieber „still" (also ohne Kohlesäure) trinken möchtest, kannst du die Flasche direkt in den Kühlschrank stellen!

Öffne die Flaschen ruhig von Zeit zu Zeit, damit das Gärgas entweicht und die Flaschen nicht bersten (besonders im Sommer!).

Tannenspitze

Limette

Minze

Rosmarin

Sobald der Kombucha schön prickelt und spritzig ist, stell deine Flaschen in den Kühlschrank. Jetzt brauchst du dich um nichts mehr kümmern, denn die niedrige Temperatur des Kühlschranks stoppt die Fermentation.

Du kannst deinen Kombucha mehrere Monate bis zu einem Jahr im Kühlschrank aufbewahren. Nachdem er geöffnet wurde, wird er vielleicht nicht mehr ganz so spritzig sein.

Kommt dir das alles etwas vage vor und du bist dir nicht sicher, ob du alles richtig verstanden hast: Leg einfach los, wie bei allem wird es mit Übung immer besser klappen. Hier erhältst du die Grundlagen, damit du durchstarten kannst. Probiere auf jeden Fall deine eigenen Rezepte aus und vor allen Dingen: bleib entspannt und hab dabei Spaß!

PRODUKTION

MÖGLICHKEIT 1: KONTINUIERLICHES BRAUSYSTEM

Wenn du jeden Tag Kombucha trinken möchtest, musst du ein kontinuierliches Brausystem ansetzen.

Mit einem kleinen Gefäß (3 Liter) mit oder ohne Zapfhahn kannst du, sobald du 1 Liter verbraucht hast, erneut 1 Liter gezuckerten Tee machen und ihn der vorhandenen Mischung hinzugeben.

Du kannst aber auch 2 Gefäße nehmen und zwischen den kontinuierlichen Produktionen abwechseln, damit du immer eine Produktion am Laufen hast, die dann wieder die Voraussetzung für die nächste Produktion schafft.

Mit einem sehr großen Gefäß (5 oder 8 Liter) kannst du die Produktionen nahtlos aneinanderreihen und eine neue Produktion starten, wenn du den gesamten Inhalt des Gefäßes in Flaschen abgefüllt hast. So hast du in der Zeit, in der die neu angesetzte Produktion fermentiert, genügend Kombucha zu trinken.

MÖGLICHKEIT 2: UNTERBROCHENE PRODUKTION

Möchtest du Kombucha nur gelegentlich trinken, lässt du deinen Kombucha eine Pause machen, sobald deine Produktion komplett aufgebraucht ist. Lass hierfür einfach die Kombucha-Mutter im Gefäß in 10% Starterflüssigkeit und an dem gewohnten Platz (Zimmertemperatur und Schatten) ruhen.

Je nach Dauer der Ruhepause (einige Wochen, ein Monat oder länger) ist ein kurzer Qualitäts-Check angesagt. Es dürfen sich weder Flecken noch Schimmel zeigen, keine Insekten umherschwirren und kein verdächtiger Geruch wahrnehmbar sein.

Wenn sich tatsächlich Schimmel gebildet hat, also weiße, blaue, grüne, schwarze oder pelzige Flecken, und das Ganze nicht wie gewöhnlich stark nach Essig riecht, geht man am besten kein Risiko ein und entsorgt alles!

Vor der nächsten Produktion sollte man etwas „aufräumen" und die weiter unten liegenden älteren Kombucha-Mütter entsorgen. Nur die jüngeren, weiter oben liegenden (die hellsten und glänzendsten) werden behalten. Diese spült man mit klarem Wasser ab und legt sie beiseite. Dann filtert man den Starter durch ein feines Sieb oder ein Passiertuch, um Ablagerungen zu entfernen.

Jetzt muss man nur noch eine neue Charge Tee und Zucker mit einer kleinen Menge 10%iger Starterflüssigkeit (50 cl oder 1 Liter) ansetzen, um die ruhende Mutter sanft zu wecken.

REINIGUNG DES GEFÄSSES

Es macht keinen Sinn, das Gefäß vor jeder neuen Produktion zu reinigen. Wie oft gereinigt wird, hängt davon ab, wie oft du Kombucha herstellst. Wenn du ihn wie ich kontinuierlich produzierst, genügt es, das Gefäß ein- bis zweimal im Monat mit heißem Wasser und Seife oder Weißweinessig zu reinigen. Zum Schluss spült man das Gefäß gründlich mit klarem Wasser aus.

HÄUFIGE FRAGEN

Anfangs wirst du vermutlich eine ganze Menge Fragen haben. In diesem Kapitel habe ich einige wichtige Themen, Fragen und Probleme zusammengestellt, die mir im Laufe der Zeit oder zu Beginn meiner Kombucha-Karriere begegnet sind.

Auch wenn ich bereits Erfahrung habe, experimentiere ich für mein Leben gerne und bin ständig am Testen und Ausprobieren. Sei neugierig, probiere, mache Fehler und vor allem: hab' Spaß!

DER ANSATZ

Man hat mir eine Kombucha-Mutter angeboten, aber ich habe irgendwie den Starter verloren.
Es genügt, wenn du so bald wie möglich den Starter durch 10 cl Apfelessig oder nicht pasteurisierten handelsüblichen Kombucha ersetzt.

Ich habe vergessen, etwas von dem Starter für den nächsten Ansatz aufzubewahren
Gib deinem SCOBY 3 oder 4 Tassen gezuckerten Teeansatz hinzu und lass ihn 5 bis 10 Tage fermentieren. Dann musst du nur diese geringe Menge fermentierten Tee plus den alten und den auf der Oberfläche neu gebildeten SCOBY für eine neue Charge von 1 Liter nehmen und neu anfangen.

BEVORZUGTE MATERIALIEN: GLAS ODER METALL?

Warum verwendet man für die Herstellung von Kombucha nicht überwiegend Metall?
Da Kombucha sehr säurehaltig ist, kann er alle Giftstoffe und sonstige Schwermetalle absorbieren, die sich dann im Ansatz befinden. Am besten nimmt man für den Ansatz zuvor sterilisiertes Glas und weder Metall noch Kunststoff, die beide tendenziell Verunreinigungen und die Ausbreitung unerwünschter Bakterien verursachen können. Der Kombucha kann durchaus das Blei aus der Emailleschicht eines Metalltopfes herauslösen oder den Topf rosten lassen.

DAS GETRÄNK

Woher weiß ich, dass die Fermentation erfolgreich war?
Nach einigen Tagen wirst du einen Essiggeruch und die Bildung einer transparenten Schicht auf der Mutter bemerken: das ist deine „Tochter“, das heißt, diese Tochter wird dann die neue Mutter. Kommt es nicht zur Bildung einer neuen Mutter, muss man sich noch ein Weilchen gedulden. Eventuell sind auch kleine Bläschen unter der Mutter zu sehen.

Das Getränk enthält zu viel Zucker
Das kann auf eine schwache Kultur oder eine zu kurze Fermentation zurückzuführen sein. Die Kombucha-Mutter braucht noch mehr Zeit, also übe dich in Geduld!

Dem Getränk fehlt Zucker
Die gefräßigen Bakterien haben den Zucker schnell verbraucht und in Säure umgewandelt.
Wenn dies innerhalb kurzer Zeit geschieht, liegt ein Problem vor.
Das kann passieren, wenn du zu Beginn mehr Starter als nötig verwendest.

Wie wir bereits festgestellt haben, reichen 10% des Gesamtvolumens des Getränks, das heißt 10 cl auf 1 Liter, aus. Ein bisschen mehr macht nichts aus, aber zu viel davon schon. Der Mangel an Zucker kann auch bedeuten, dass ein Getränk gut fermentiert ist und viele Probiotika enthält (vielleicht zu viele für den Gaumen eines Einsteigers). Es braucht nur ein bisschen Übung, bis man genau die richtige Balance zwischen Süße und Säure findet.

Das Getränk ist zu sauer/schmeckt zu sehr nach Essig
Das passiert, wenn du das Getränk zu lange fermentieren lässt oder weil deine Mutter vielleicht zu dick ist im Verhältnis zur Größe des Gefäßes oder der Menge des Getränks und weil sie zu schnell arbeitet.
Eine zu hohe Temperatur kann ebenfalls eine Erklärung für dieses Phänomen sein. Tatsächlich beschleunigt Wärme die Fermentation und das Getränk kann schneller fertig sein als vorgesehen. Im Sommer probiert man am besten jeden Tag davon, um festzustellen, ob der Kombucha reif ist oder nicht.

Das Getränke prickelt nicht richtig
Dafür gibt es mehrere Erklärungen:
– Das Gefäß ist nicht luftdicht verschlossen, das Gärgas entweicht und mit ihm auch die Bläschen.
– Bei der ersten Fermentation perlt der Kombucha nicht zwangsläufig sehr stark. Möglicherweise hat er den ganzen Zucker verbraucht, den du ihm anfangs gegeben hast. Denn dank des Zuckers wird CO_2 und somit das Gärgas bzw. die Kohlensäure produziert. Das geschieht jedoch nicht automatisch, also probiere einfach, ob das Getränk schon genug prickelt.
– Wenn das Getränk für deinen Geschmack nicht spritzig genug ist, musst du nur etwas Zucker (hellen Rohrzucker, Kokosblütenzucker, Honig, Ahornsirup usw.) bei der Flaschenabfüllung zugeben (ca. 1 TL), um die Produktion von CO_2 neu zu starten. Auch die Zugabe von Früchten kann hierbei helfen.
– Du kannst auch die Fermentationsdauer verlängern.

Das Getränk perlt immer noch nicht, selbst nach der Zweitfermentation nicht

Eine der Hauptursachen ist häufig die Temperatur. Ist es zu warm, gewinnen die Hefen die Oberhand. Ist es zu kalt, sind dagegen die Bakterien im Vorteil, was ein Ungleichgewicht des Milieus zur Folge hat. Für dieses Phänomen gibt es mehrere Gründe:

Sonneneinstrahlung: Die UV-Strahlung ist schädlich für den SCOBY und seine Umgebung, sie kann Bakterien und Hefen abtöten. Daher stellt man Gefäße und Flaschen niemals ins direkte Sonnenlicht! Ist es doch einmal passiert, tauscht man den SCOBY sofort gegen einen neuen aus.

Zucker: Das Motto: Gleichgewicht! Am besten richtet man sich nach der empfohlenen Dosierung von 70 bis 80 g Zucker pro Liter Kombucha. Bei weniger Zucker erhält dein Kombucha nicht genügend Nahrung, bei mehr Zucker wird er ausgebremst.

Sauerstoffmangel: Er tritt ein, wenn du dein Gefäß an einem schwach belüfteten Ort aufstellst oder mit einem zu dicken Tuch abdeckst.

Ein zu alter (oder zu schwacher) SCOBY kann auch die Ursache für den Kohlensäuremangel sein. Man entfernt die älteste und bräunliche Schicht von unten und behält nur die neueste und hellste Schicht.

Ein völlig inaktiver SCOBY: Ist der Fall, wenn sich bestimmte unerwünschte Bakterien oder Hefen im Gefäß niedergelassen haben. Das passiert zwar selten, aber es kann vorkommen, wenn unzureichend gereinigte Utensilien verwendet werden oder wenn man sich zuvor die Hände nicht richtig gewaschen hat.

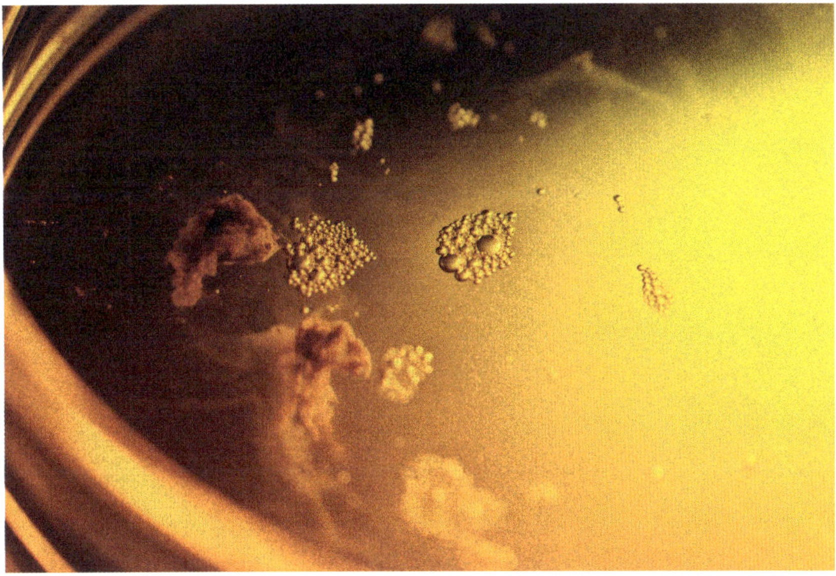

Der Tee: Bestimmte Tees wie grüne Tees oder Kräutertees enthalten weniger Tannin. Ein Mangel bringt das Milieu aus dem Gleichgewicht, dem es an „Nahrung“ fehlt. Ein Zuviel an Tannin wiederum schwächt das Milieu. Das Motto lautet GLEICHGEWICHT!

Weißweinessig: Es wird häufig empfohlen, den Starter durch Essig zu ersetzen oder damit die Mutter abzuspülen, um sie zu säubern. Das kann man tatsächlich machen, aber es muss der richtige Essig sein.

Man vergisst leicht, dass Weißweinessig zu 4 bis 7% aus Essigsäure und zu 93 bis 97% Wasser besteht und ebenfalls starke antimikrobielle Eigenschaften besitzt. Grundsätzlich gibt es nichts Besseres als Weißweinessig, um eine Kombucha-Mutter und deine entstehenden Bakterien und Hefen abzutöten.
Daher nimmt man Apfelessig, der organisch und somit lebendig ist.

In meiner Flasche bildet sich eine neue Mutter
Keine Panik! Das ist völlig normal! Es ist möglich, dass sich bei der Zweitfermentation an der Oberfläche eine neue Mutter zu bilden beginnt, ungeachtet der Tatsache, dass die Flaschen fest verschlossen sind oder im Kühlschrank stehen und dass Sauerstoffmangel herrscht. Es ist der Beweis dafür, dass dein Kombucha in Topform und sehr aktiv ist, sowie ein Beweis für seine Überlebensfähigkeit auch unter suboptimalen Bedingungen.

Am Boden meines Kombuchas gibt es eine Ablagerung – ist das normal?
Ja, das nennt man ein „Sediment“ (wie bei Gesteinsablagerungen). Es entsteht durch im Getränk schwebende Bakterien und Hefen, die absinken und sich am Boden deiner Flasche oder deines Gefäßes absetzen. Du kannst die Ablagerung getrost mittrinken.

Welche Temperatur ist ideal für die Kombucha-Kultur?
Eine Temperatur zwischen 20 und 25 °C ist ideal.

Bei welcher Temperatur wird das Getränk aufbewahrt?
Nicht pasteurisierten Kombucha sollte man kühl aufbewahren, bei einer Idealtemperatur von 4 °C, und zwar die ganze Zeit über, damit der Gärprozess nicht weitergeht und deine Flasche zum Bersten bringt. Unterhalb dieser Temperatur fallen die Kulturen in den Winterschlaf.

Enthält mein Getränk Alkohol?
Der Alkoholgehalt des Kombuchas liegt in der Regel unter 0,5 %. Bei längerer Fermentation nimmt der Gehalt jedoch zu. Die Übergärung führt zu einem höheren Säuregehalt wie bei Essig. Der pH-Wert des Getränks liegt in der Regel bei ca. 3,5.

Enthält mein Getränk Koffein?
Ja, aber nur sehr wenig. Ein Großteil des durch den Teeaufguss erzeugten Theanins wird durch den Gärprozess verdaut. Am Ende ergibt das im Schnitt 2 bis 8 mg Theanin auf 250 ml, das entspricht entkoffeiniertem Kaffee.

Wenn du dein Getränk über längere Zeit bei höheren Temperaturen und mit mehr Zucker fermentieren lassen, erhältst du den sogenannten „Hard Kombucha“, eine Art Kombucha-Bier.

Was ist der Unterschied zwischen pasteurisiertem und nicht pasteurisiertem Kombucha?
Nicht pasteurisierter Kombucha, wie du ihn bei dir zuhause herstellst, ist lebendig und enthält Schimmelkulturen, die ebenfalls lebendig und auch in fermentierten Lebensmitteln enthalten sind. Sie bieten die auf S. 12 angeführten gesundheitlichen Vorzüge.

Pasteurisierter Kombucha verliert einen Großteil seiner gesundheitlichen Wirkungen und seines Nährwerts, da der Pasteurisationsprozess die Fermentation stoppt und die lebenden Bakterien und Zellen des Getränks abtötet.

Das Getränk kann auch einen Teil seines Geschmacks und typischen Aromas verlieren, das gerade wegen der im Kombucha vorhandenen Hefen und Bakterien entsteht.

Unser letztes Wort zu möglichen Problemen: Immer mit der Ruhe! Die Mutter und deine Freunde, die Bakterien und Hefen, haben Superkräfte, denn es gibt sie seit Anbeginn der Zeit und sie wurden von der Natur erschaffen. Behandle sie aufmerksam und mit Liebe, wie du es bei jedem guten Hausrezept auch machen würdest. Dann wird alles gutgehen!

DER TEE

Warum verwendet man Tee?
Tee enthält alle Nährstoffe (unter anderem Stickstoff, Tannin und Theanin), die für die gute Entwicklung symbiotischer Bakterien- und Hefekulturen notwendig sind, und die der Kombucha für seine Entwicklung braucht.

Wusstest du schon, dass alle Teesorten von der gleichen Pflanze abstammen: dem Strauch *Camellia sinensis*. Nur der Zeitpunkt, zu dem die Blätter gepflückt werden und der Fermentations- bzw. Oxidationsprozess bestimmen Farbe und Aroma eines Tees.

Schwarzer Tee

Welchen Tee nehme ich für meinen Kombucha?
Schwarzer Tee ist eine ausgezeichnete Wahl für die Herstellung von Kombucha. Um schwarzen Tee zu erhalten, lässt man die Teeblätter oxidieren. Diese Oxidation erzeugt die für die Mikroorganismen des Kombuchas notwendigen Nährstoffe. Schwarzer Tee ergibt ein Getränk mit einer leicht bitteren Note.

Für Einsteiger ist schwarzer Tee die einfachste Wahl. Er enthält jedoch auch mehr Koffein (zwar nur eine verschwindend kleine Menge nach der Fermentation, aber immerhin).

Wenn du auf die anregende Wirkung lieber verzichten möchtest, nimm am besten einen Sencha-Tee oder Bancha-Tee (japanischer grüner Tee, geröstet) oder auch einen Oolong, der ein guter Kompromiss zwischen schwarzem und grünem Tee ist.

Wie wechsle ich von einem Kombucha-Ansatz aus schwarzem Tee zu einer anderen Teesorte?
Da man am häufigsten mit einem Ansatz aus schwarzem Tee beginnt, hat sich die Mutter an dieses Milieu gewöhnt, also braucht es manchmal etwas Zeit zur Umgewöhnung.

Schwarzer Tee

Bancha-Tee

Grüner Tee

Wenn du vorhast, beispielsweise zu grünem Tee zu wechseln, starte erneut mit demselben Grundrezept und wenig Wasser (1 Liter oder weniger), damit der Milieuwechsel sanft stattfindet. Sobald die Mutter unter sich neue Schichten erzeugt, hast du eine spezielle Kombucha-Mutter aus Grüntee. Du kannst die auf den Boden abgesunkene Mutter entfernen und sie für eine andere Mischung aufbewahren.

Grüner Tee

Im Unterschied zum schwarzen Tee wird grüner Tee nicht oxidiert, was ihm ein etwas feineres, frisches und grasiges Aroma verleiht. Er kann zum Beispiel perfekt mit Blüten kombiniert werden, genau wie weißer Tee.

Mit grünem Tee kann man auf jeden Fall Kombucha herstellen. Auf lange Sicht jedoch könnte er die Kultur schwächen. Besser ist es, ihn mit etwas schwarzem Tee zu mischen.

Kann man Teemischungen herstellen?
Selbstverständlich kannst du verschiedene Tees miteinander mischen und deine eigenen Rezepte und die verrücktesten Mischungen erfinden, um neue Aromen zu kreieren.

Kann man Kombucha ohne Koffein/Theanin herstellen?
Ja und nein. Das Theanin/Koffein ist Teil der Nährstoffe, die die Mutter benötigt. Nach der Fermentation ist die Koffeinmenge allerdings deutlich geringer.

Man kann dennoch bestimmte Aufgüsse aus Pflanzen ohne Theanin, Koffein oder Tannin verwenden. Das schauen wir uns im folgenden Kapitel an.

KRÄUTERTEES

Kann man auch aus Kräutertee oder anderen Pflanzenaufgüssen Kombucha herstellen?

Auch wenn Tee aus der Teepflanze die bessere Option ist, können manchmal Aufgüsse von anderen Pflanzen zur Herstellung von Kombucha verwendet werden. Es ist nicht unbedingt die einfachste Möglichkeit, denn der Mangel an Tannin in Pflanzen kann die Mutter und das Milieu, in der sie entsteht, langfristig aus dem Gleichgewicht bringen.

Bestimmte Pflanzen führen dennoch zu einem guten Ergebnis, wie etwa Himbeerblätter (die Tannin enthalten), Verbene, Hibiskus, Rooibos, Mate und sogar Kaffee. Aber Vorsicht bei Kräutern, die zu viele ätherische Öle enthalten wie Minze, Kamille, Rosmarin, Salbei und Johanniskraut.

Ich habe mit Minze experimentiert – das Ergebnis war wirklich köstlich. Allerdings hat sich die Mutter danach so gut wie gar nicht weiterentwickelt. Letztlich sank sie auf den Gefäßboden ab und erzeugte eine neue Mutter (die nie richtig dick wurde).

Natürlich ist hier die Rede von Tees und Aufgüssen für die Erstfermentation. Arbeite zum Experimentieren ruhig mit mehreren Gefäßen, mit je einer Mutter für jede Teesorte.

Verbene

Hibiskus

Minze

Himbeere

Rooibos

Mate

DER ZUCKER

Kann man dem Kombucha-Ansatz auch weniger Zucker zugeben?
Zucker ist die Nahrung der Mutter. Er ermöglicht das Wachstum der Bakterien im Tee. Zucker wird dem Ansatz nicht deswegen zugesetzt, damit er süß und gezuckert ist, sondern um den SCOBY zu ernähren.

Gibt man weniger Zucker in den Ansatz, erhält die Mutter nicht genügend Nahrung und die Fermentation findet schlichtweg nicht statt.

Weißer Rübenzucker

Heller Rohrzucker

Dunkler Rohrzucker

Kokosblütenzucker

Vollrohrzucker (Muscovado)

Honig

Den Zucker entzieht die Mutter die Mineralstoffe und die von ihr produzierten Hefen verbrauchen den Zucker. Ein Glas Kombucha enthält im Schnitt weniger als 30 Kalorien. Keine Bange also wegen des Zuckers in unserem Kombucha-Rezept, er ist zum größten Teil „verspeist“ worden.

Warum wird Rohrzucker oder Rübenzucker gegenüber anderen Zuckern der Vorzug gegeben?
Diese Zuckerarten kann der Kombucha leicht aufnehmen. Sie bestehen aus den zwei Einfachzuckern Glucose und Fructose, die dem Getränk die für die Fermentation notwendigen Substanzen geben.

Brauner Zucker ist einfach nur Rübenzucker, bei dessen Herstellung ein Reinigungsschritt weggelassen wurde. Er wird zu Unrecht dem klassischen hellen Zucker vorgezogen. Besonders gut für Kombucha sind die einfachen weißen Zucker wie Bio-Rohrzucker oder (regionaler) weißer Rübenzucker. Die anderen Zucker verleihen dem Kombucha nicht genügend Energie und daher wird die Kultur schlussendlich schwächeln.

Kann man statt Zucker einen Ersatz wie Aspartam, Agavensirup oder Stevia nehmen?
Die Antwort darauf ist ein klares Nein, denn das sind keine „echten“ Zucker, sondern Süßstoffe.

Auch von Honig wird abgeraten, da seine ätherischen Öle die Mutter langfristig verändern und das Bakterienwachstum verhindern können.

Zur Aromatisierung deines Getränks oder zur Herstellung eines Kombuchas auf Basis von Honig und nicht Zucker kannst du jedoch der Zweitfermentation Honig hinzufügen. Das nennt sich dann „Jun-Kombucha“ oder „Kombucha-Champagner“.

DER SCOBY

Da der SCOBY ein lebender Organismus ist, entwickelt er sich ständig weiter und seine Struktur oder Farbe können variieren (siehe Abbildungen rechts).
Eine relativ junge oder neue Mutter hat in der Regel eine eher helle und glänzende Farbe. Mit der Zeit oder je nach Verwendung kann sie sich rötlich färben und stellenweise ziemlich dunkel werden. Das liegt an der Farbwirkung des Tees oder der Hefecluster, die sich an sie heften.

Es können noch viele andere Faktoren eine Rolle spielen: wenn das Gefäß während der Fermentation bewegt wurde, wenn eine andere Tee- oder Zuckersorte genommen wurde, wenn sich die Temperatur geändert hat oder auch, wenn ein anderes Tuch verwendet wurde und die Mutter weniger Luft bekommt, kann sie ein komplett anderes Aussehen annehmen als das, das du normalerweise kennst.

Anfangs neigt man unglücklicherweise dazu, sich wegen nichts und wieder nichts aufzuregen! Der kleinste Fleck oder die geringste Veränderung erscheint uns verdächtig und in einem Anflug von Panik hat man das Ganze vorschnell entsorgt.

Meine Mutter liegt nicht vollständig in meinem Teeansatz
Das ist normal, die Mutter muss nicht unter der Oberfläche liegen. Sie liegt dort, um das Getränk zu schützen und die entstandene Kohlensäure lässt sie zwangsläufig hochsteigen. Es bringt daher nichts, sie unter die Oberfläche zu drücken, auch wenn dies sehr verlockend ist.

Meine Mutter ist auf den Boden des Glases gesunken, schwebt mitten im Glas oder steht senkrecht in der Flüssigkeit

Die Kombucha-Mutter erzeugt unter sich Kohlendioxid, während sie den Tee umwandelt, und es braucht etwas Zeit, bis ausreichend Kohlensäure und Bläschen angesammelt wurden, die siean die Oberfläche steigen lassen.

Ein anderer Tee oder die Umgewöhnung von einem Milieu an ein anderes, beispielsweise der Wechsel von schwarzem zu grünem Tee, kann diese Veränderung erklären.

Versuche nicht, die Mutter wieder an die Oberfläche zu bringen. Entweder steigt sie von allein hoch oder sie sinkt auf den Boden deines Glasgefäßes ab, tut aber weiterhin ihr Werk und es bildet sich eine neue Schicht an der Oberfläche. Stelle das Gefäß jetzt während des Gärprozesses keinesfalls woanders hin und bewege es nicht, denn die neue Schicht, die sich an der Oberfläche bildet, ist anfangs sehr dünn und sehr empfindlich und kann erneut absinken.

Genau das ist mir passiert, als ich ein neues Getränk ausschließlich auf Basis von grünem Tee machen wollte. Ich hatte eine Mutter genommen, die auf Basis von schwarzem Tee entstanden war und ich hatte viel zu viel Flüssigkeit auf einmal (mindestens 4 Liter) angesetzt.

Nach zwei Tagen lag meine Mutter zusammengerollt auf dem Gefäßboden. Ich hatte Angst, dass sie krank war und fragte mich, was ich falsch gemacht hatte. Eine große Menge Flüssigkeit und der Milieuwechsel zu grünem Tee waren einfach zu viel für sie! Aber eine Kombucha-Mutter ist stark, auch wenn sie nicht aufsteigt, wie ich im Laufe der folgenden Tage feststellen sollte, denn auf meinem Getränk begann sich eine dünne und transparente Schicht zu bilden. Eine neue Mutter (speziell aus grünem Tee) war geboren.

Mir ist meine Mutter auf den Boden gefallen

Es genügt, wenn du sie gut mit Apfelessig oder klarem Wasser abspülst.

Meine Mutter zieht braune Fäden

Das ist völlig normal, diese Fäden werden von den Hefekolonien gebildet. Du kannst sie wieder an der Mutter anheften oder im Getränk schwimmen lassen. Wenn diese Fäden dich sehr stören, kannst du sie entfernen, sie sind aber unschädlich.

Meine Mutter wird sehr groß und ist sehr dick geworden, kann ich sie teilen?

Ja, du kannst sie teilen, indem du vorsichtig oben an ihr ziehst, um die Schichten voneinander zu trennen oder, wenn du auf Widerstand stößt, sie mit einem gut gereinigten Messer voneinander trennst.

Meine Mutter hat ein Loch oder ist zerrissen. Kann ich sie noch verwenden?
Keine Bange! Dein Kombucha-Ansatz funktioniert immer noch gut, auch wenn deine Mutter Löcher hat oder zerrissen ist. Das hat keinerlei Auswirkung auf den Gärprozess und sie wird wieder nachwachsen.

Meine Mutter scheint nicht mehr so aktiv zu sein
Wenn deine Mutter müde erscheint, wenn sie immer länger zum Fermentieren des Getränks braucht und kaum noch Kohlensäurebläschen aufsteigen, ersetze sie durch eine deiner Töchter oder bewahre nur den neuesten oberen Teil auf und versuche so, ihre Lebenskraft zu stärken.

Woher weiß ich, dass meine Mutter immer noch aktiv ist?
Wenn beim Start einer neuer Kombucha-Produktion der Gärprozess gut verläuft, bedeutet dies, dass sie immer noch aktiv ist. Wenn sie jedoch auf den Boden des Gefäßes sinkt, ohne eine neue Mutter an der Oberfläche zu erzeugen und sich nichts weiter tut, ist sie mit Sicherheit tot.

Ist meine Mutter essbar?
Ja. Auch wenn ihre Struktur speziell ist, eher gummiartig und der Geschmack sehr essigsauer, kann man die Mutter essen, entweder roh oder gekocht. Viele essen sie in getrockneter Form in Scheiben geschnitten und aromatisiert, zum Beispiel als falschen Speck. Es gibt relativ viele Tipps und Rezepte, eine Kombucha-Mutter in allen möglichen Variationen zu essen.

DIE AUFBEWAHRUNG

Hilfe, ich habe zu viele Mütter!
Die erste Möglichkeit ist natürlich, einige davon deinen Freunden anzubieten. Stelle hierfür ein Kombucha-Kit zusammen: ein schönes Glasgefäß, einen Beutel Zucker, guten Bio-Tee, eine Mutter, die in deinem Starter schwimmt und ein Exemplar dieses kleinen Leitfadens für einen guten Start ins Abenteuer.

Als zweite Alternative kannst du ein „SCOBY-Hotel" aufmachen. Dazu genügt ein Glasgefäß (in der Größe deiner Wahl, je nach Anzahl der Mütter, die du unterbringen willst), in das du deine überzähligen Mütter gibst. Das Gefäß wird mit 25 cl nicht aromatisiertem Kombucha und 75 cl frisch hergestelltem gezuckertem Tee aufgefüllt (für ein Gefäß von 1 Liter). Danach wird es mit einem Tuch verschlossen und außerhalb des Kühlschranks an einem belüfteten Platz ohne direkte Sonneneinstrahlung aufbewahrt.

Wenn im Hotel viele Mütter wohnen, findet die Fermentation sehr schnell statt und die Flüssigkeit wird schnell sauer. Denke auch daran, regelmäßig einen Teil des Getränks abzugießen und ihn durch neuen gezuckerten Tee zu ersetzen (etwa alle zwei Wochen). Dadurch erhalten die Hotelgäste immer frische Nahrung und sie bleiben aktiv und gesund.

Kann ich meine Mutter einfrieren?
Ja, aber dazu muss man wissen, dass das Einfrieren einen Teil der Gärstoffe verändern kann.

Kann ich meine Mutter im Kühlschrank aufbewahren?
Ja, man kann auf jeden Fall einige Mütter im Kühlschrank aufbewahren. Bewahre sie mit etwas naturbelassenem Getränk längstens ca. sechs Monate in einem mit Stoff abgedeckten Gefäß auf, damit sie immer noch Luft bekommen.

Wie startet man eine neue Kultur aus einer gekühlten Mutter?
Es genügt, die Mutter plus den Starter aus dem Kühlschrank (oder der Gefriertruhe) zu nehmen und sie ein oder zwei Tage bei Zimmertemperatur „aufwachen" zu lassen.

Um die Kultur erneut zu starten, stelle einen neuen Ansatz mit gezuckertem Tee nach dem Grundrezept her und gib dann die Mutter und deinen Starter hinzu. Es braucht sicher etwas mehr Zeit, um wieder ein trinkbares Getränk zu erhalten. Der zweite Ansatz wird bestimmt gelingen!

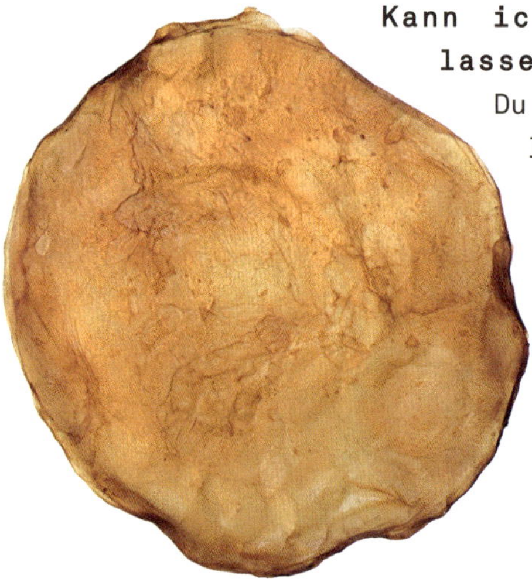

Kann ich eine Mutter trocknen lassen, um sie aufzubewahren?
Du kannst deine Mütter trocknen lassen, damit sie weniger Platz einnehmen. Allerdings ist es nicht garantiert, dass sie wieder zum Leben erweckt werden können.

PROBLEME

Auf dem Kombucha-Pilz erscheint Schimmel

Das ist sehr ärgerlich, aber alles hängt vom Ausmaß des Schimmels ab. Aufgrund der Säure des Milieus tritt Schimmel eher selten auf, aber wenn dies doch der Fall sein sollte, muss man die Mutter aus dem Gefäß nehmen, sie mit Apfelessig säubern und jegliche Schimmelspuren beseitigen. Dann 10 cl Kombucha behalten, den Rest entsorgen und schließlich das Gefäß gründlich reinigen.

Zweite Option: Wenn sich der Schimmel schon stark ausgebreitet hat, entsorgt man am besten alles, Getränk samt Mutter. Auch aus diesem Grund ist es nicht verkehrt, „Ersatz“-Mütter in einem SCOBY-Hotel zu haben.

Warum kann Schimmel auftreten?

- Ungleichgewicht des Milieus, vergessene oder eine zu geringe Menge einer der Zutaten, zu wenig Zucker oder Starter (das schon fertige Getränk, mit dem die Fermentation gestartet wird)
- Gefäß steht zu dicht neben einem Mülleimer, einer Topfpflanze oder Blumen, deren Pollen umherfliegen können
- Zu feuchte Umgebung
- Schlecht gereinigte Utensilien, nicht richtig gewaschene Hände während des Hantierens mit der Mutter oder Seifenreste am Gefäßboden.

Die Mutter ist schwarz geworden

Wohlgemerkt schwarz, nicht dunkelbraun. Die dunkelbraune Farbe stammt von der Farbe des Tees. Schwarz bedeutet, dass die Kombucha-Mutter tot ist. Auch wenn sie nur teilweise schwarz ist, entsorge die Mutter sowie die Flüssigkeit aus dem Gefäß undf ang wieder bei null an!

Um das Gefäß schwirren lauter Insekten

Die etwa zwei Millimeter großen Tiere werden auch Drosophila oder Fruchtfliegen genannt. Sie lieben gärende Flüssigkeiten wegen des darin enthaltenen Alkohols. Das ist nicht weiter schlimm, nur lästig, solange sie nicht in das Gefäß eindringen.

Wenn dies jedoch geschieht, wird es problematisch, denn dann legen sie Eier auf der Kombucha-Mutter. Überflüssig zu sagen, dass du alles entsorgen, wieder reinigen und nochmal anfangen solltest, wenn du Larven auf der Mutter entdeckst!

Abschließend sei gesagt, dass nur selten „echte" Probleme auftreten. Schimmel entsteht nur selten auf dem SCOBY, denn das Milieu ist sauer. Das Absterben der Mutter ist ebenfalls relativ selten, sofern du dich vernünftig um sie kümmerst. Und gegen Insekten besteht die einzige Lösung darin, das Gefäß mit einem geeigneten Geschirrtuch zu verschließen, das zwar Luft durchlässt, aber so dicht gewebt ist, dass es eine Insekteninvasion verhindert.

MAGMA
KOMBU
CHA

WEITERVERWERTUNG

FÜR DIE KÖRPERPFLEGE

Kombucha lässt sich auch sehr gut äußerlich anwenden. Mit seinem hohen Gehalt an Vitamin B, Aminosäuren und Antioxydanzien pflegt er die Haut, reguliert ihren pH-Wert und reinigt sie. Er ist auch sehr gut für das Haar, stimuliert und kräftigt die Kopfhaut und eignet sich perfekt als Essigspülung für schönen Haarglanz.

Wenn du eine eher empfindliche Haut hast, teste den Kombucha vorher an deiner Hand. Die darin enthaltenen Probiotika können ein Kribbeln der Haut oder leichte Rötungen hervorrufen.

GESICHTSMASKEN

1/ Full Moon: Nimm eine Mutter, die groß genug ist, um dein Gesicht abzudecken. Schneide mit einem Messer oder einer Schere 2 Löcher für die Augen und 1 Schlitz für die Nase hinein. Lege die Mutter auf dein Gesicht und lass sie 10 bis 15 Minuten dort. Spüle danach das Gesicht mit klarem Wasser ab.
Du kannst diese Maske drei- bis sechsmal verwenden, wenn du sie im Kühlschrank mit etwas Kombucha in einem luftdichten Behälter aufbewahrst.

2/ Mix-Maske: Mixe einen Teil der Mutter im Mixer, bis du eine schöne glatte Masse erhältst. Jetzt kannst du wahlweise einen Teelöffel Honig, Haferflocken und 1 bis 2 Tropfen ätherisches Öl deiner Wahl hinzugeben (siehe Abbildung links). Lege die Maske 5 bis 10 Minuten auf die gereinigte Haut auf und spüle die Haut danach mit klarem Wasser ab.

3/ Clay Day: Mische 3 Esslöffel Kombucha mit grünem, rosa oder weißem pulverisiertem Ton plus 1 bis 3 Tropfen ätherischem Öl deiner Wahl und lass das Ganze 10 bis 15 Minuten einwirken. Wenn die Maske trocken wird, gründlich mit klarem Wasser abspülen.

4/ SO Fresh Toner: Mische in einer Sprühflasche 3/4 Teile Mineralwasser, 1/4 Teil Kombucha und 1 bis 3 Tropfen ätherisches Öl deiner Wahl. Für einen Frische-Kick bewahre die Mischung am besten im Kühlschrank auf.

Dank seiner antimikrobiellen Eigenschaften kann Kombucha sogar als Antiseptikum zur Wundreinigung (Stiche, Verbrennungen oder Schnitte) als Spray aufgesprüht oder ein Stück der Kombucha-Mutter direkt auf die Verletzung aufgelegt werden.

IM HAUSHALT

Zur Reinigung sämtlicher Oberflächen: Vermische in einer Sprühflasche 25 cl Kombucha-Essig plus 2 oder 3 Tropfen ätherisches Zitronenöl. Schon hast du das perfekte natürliche Reinigungsmittel!

IN DER KÜCHE

Hier gibt es zahlreiche Verwendungsmöglichkeiten: Als Essig, Vinaigrette, Ketchup, in Cocktails, Smoothies, Kuchen, getrocknet à la „SCOBY Jerky“ (in Streifen geschnittener, marinierter und unter Hitzeeinwirkung (z.B. im Backofen) getrockneter SCOBY), als Bonbons (S.88), als Fruchtgummi oder, für die ganz Mutigen, als Sushi!

IM GARTEN

Wenn du einen Kompost hast, kannst du die überzähligen Kombucha-Mütter dort deponieren. Du kannst sie auch zermahlen und mit Erde für Pflanzen, die einen sauren und mineralstoffreichen Boden bevorzugen, vermischen, um den pH-Wert des Bodens zu verbessern.

AUCH DIE TIERE SIND MIT VON DER PARTIE!

Kombucha tut auch Haus- oder Nutztieren gut. Tatsächlich verbessern die in der Kombucha-Mutter und dem Getränk vorhandenen Probiotika deren Darmgesundheit und unterstützen die Verdauung sowie die Aufnahme der im Futter enthaltenen Nährstoffe.

Hühner sind regelrecht vernarrt in SCOBYs. Man kann sie in kleinen Stückchen dem Futter zugeben oder im Trinkwasser auflösen. Das trägt dazu bei, dass die Hühner Proteine besser verdauen und größere Eier legen.

In kleinen Mengen können SCOBYs ins Hunde- oder Katzenfutter gestreut werden, sofern die Tiere nicht wählerisch sind, oder getrocknet und in Scheiben geschnitten als Kaustreifen angeboten werden.

ZU 100% BIOLOGISCH ABBAUBARE VERPACKUNGEN

Dazu laufen aktuell zahlreiche Forschungsarbeiten, aber das Projekt von Roza Janusz ist mir besonders aufgefallen. Diese junge Polin hat eine Methode entwickelt, um Kombucha-Mütter in essbare Verpackungen zu verwandeln, die für trockene oder halbtrockene Lebensmittel verwendet werden können. Diese Verpackungen bestehen aus 100%iger Cellulose, sind heißsiegelbar, skalierbar und kompostierbar. Das nenne ich wahres Recycling!

www.makegrowlab.com

www.rozajanusz.com

ZITRONEN-INGWER-KOMBUCHA

ZUTATEN

+ 2 oder 3 Bio-Limetten
+ 1 Stück Ingwerwurzel

FÜR 3 LITER

Die dreifache Menge des Grundrezepts auf S. 34 verwenden.

1/ Beim Abfüllen in die Flaschen presse den Saft 1 Limette aus und schneide die andere(n) Limette(n) in kleine Stückchen.

2/ Hoble eine Ingwerscheibe, 0,5 cm dick oder dicker, wenn du es etwas gröber magst, oder drücke sie durch eine Knoblauchpresse. Verteile dann Limettensaft und -stückchen und den Ingwer auf die Flaschen.

Du kannst das Ganze nach Belieben mehr oder weniger stark aromatisieren. Oder du verarbeitest den Ingwer zu Sirup, wenn du das lieber magst.

Jetzt lässt man das Ganze nur noch 2 oder 3 Tage bei Zimmertemperatur ziehen, nicht ohne die Flaschen von Zeit zu Zeit zu öffnen (einmal pro Tag genügt).

PORTLAND OREGON NW USA

ZWIEBEL-PICKLES

ZUTATEN

- 3 rote Zwiebeln (oder ein beliebiges Gemüse: Gurke, Rettich, Karotte …)
- 1 kleines Stück frisch geriebener Ingwer
- 1 TL schwarzer Pfeffer
- 1 TL getrocknete Chili
- 2 TL Zucker
- 120 ml roher Apfelessig
- 235 ml aromatisierter Kombucha oder Original-Kombucha
- 1 TL Himalayasalz
- einige frische Rosmarinzweige für die Flaschenabfüllung

1/ Schneide die Zwiebeln in feine Ringe (oder das Gemüse in feine Streifen).

2/ Koche in einem Topf Wasser auf und lass die Zwiebelringe 5 Min. darin garen.

3/ Vermenge unterdessen Ingwer, Pfeffer und Chili in einem Gefäß.

4/ Gieße die gegarten Zwiebeln in ein Sieb ab, spüle sie mit kaltem Wasser und lass sie gut abtropfen.

5/ Gib sie dann in ein Glasgefäß und füge die Gewürzmischung, den Zucker, dann den Essig und zum Schluss den Kombucha hinzu.

6/ Lass das Ganze 1 Std. ruhen und stelle dann das Gefäß in den Kühlschrank. Dort halten sich die Pickles mehrere Wochen lang.

PICKLES

ZITRONENVERBENE-KOMBUCHA

ZUTATEN

- 1,75 l Wasser
- 150 g Zucker
- 3 schöne Zweige frische Zitronenverbene oder 20 g getrocknete Blätter
- 20 cl Starter
- 1 Kombucha-Mutter

FÜR 2 LITER

1/ Koche die Hälfte des Wassers auf und gib den Zucker hinzu.

2/ Ziehen den Topf vom Herd, gib die Verbeneblätter hinzu und lass alles 20 bis 30 Min. ziehen.

3/ Gib das restliche Wasser hinzu und filtere den Aufguss durch ein mit einem Mulltuch ausgelegtes Sieb.

4/ Wenn die Mischung Zimmertemperatur erreicht hat, gib die den Starter dazu, anschließend die Kombucha-Mutter. Verschließe das Ganze mit einem Tuch und einem Gummi und lass der Fermentation ihren Lauf. Regelmäßig probieren.

MATE-KOMBUCHA

ZUTATEN

+ 10 g Mate-Tee

FÜR 2 LITER

Siehe Grundrezept S. 34. Nimm die doppelte Menge und ersetze den schwarzen Tee durch Mate-Tee.

Es dauert bestimmt etwas länger, bis sich diese Kombucha-Mutter an deine neue Umgebung auf Basis von Mate-Tee gewöhnt hat.

FIRE CIDER

FÜR 1 LITER

1/ Bereite zunächst alle Zutaten vor. Hobel den Ingwer, den Kurkuma und den Rettich in feine Scheiben. Schneide dann die Zwiebeln und die entkernte Chilischote in feine Ringe oder Streifen. Zitrone und Orange heiß abwaschen und in kleine Scheiben schneiden. Drück den geschälten Knoblauch durch die Knoblauchpresse, zerdrücke die Pfefferkörner und gib zum Schluss die Pfefferkörner, den Zimt und den Thymian hinzu.

ZUTATEN

+ 1 Stück Kurkumawurzel
+ 1 Stück Ingwerwurzel
+ 1 großes Stück Rettich
+ 1 Zwiebel
+ 1 Chilischote
+ 5 bis 10 Knoblauchzehen
+ einige Pfefferkörner
+ 1 TL Zimt
+ 1 Zweig frischer Thymian
+ 1 Zitrone, unbehandelt
+ 1 Orange, unbehandelt
+ 750 ml gut essigsaurer Kombucha
+ 250 ml nicht pasteurisierter Bio-Apfelessig
+ 5 TL Honig

2/ Gib alle Zutaten in ein luftdicht verschließbares Glasgefäß und rühre den Kombucha und den Essig unter. Der Honig kann entweder jetzt oder nach dem Ziehen zugegeben werden.

3/ Jetzt lässt man das Ganze 3 bis 6 Wochen an einem kühlen und vor Sonnenlicht geschützten Ort in Ruhe ziehen.

4/ Das fertige Getränk filtern, eventuell den Honig zugeben, danach das Getränk in Flaschen abfüllen, beschriften und im Kühlschrank aufbewahren.

Der Fire Cider ist ein Hausmittel, perfekt gegen Erkältung und Grippe im Winter. Er kann therapeutisch in einer Dosis von 1 Esslöffel über 1 bis 2 Wochen ab Auftreten der ersten Symptome oder über längere Zeit vorbeugend als Kur verwendet werden. Rosemary Gladstar ist die Pionierin dieses zu 100% natürlichen Elixiers mit entzündungshemmendem Effekt, das zudem das Immunsystem ankurbelt und das „Verdauungsfeuer“ aufrechterhält.

KOMBU
CHA

SCOBY-BONBONS

ZUTATEN

- 1 Kombucha-Mutter in einer Größe deiner Wahl
- Die gleiche Menge Zucker wie das Gewicht deiner ausgewählten Kombucha-Mutter
- Saft 1 Zitrone
- abgeriebene Zitronenschale und Zucker (wahlweise)

1/ Die Kombucha-Mutter unter klarem Wasser abspülen, um sie von Rückständen und sonstigen Fäden zu säubern, danach mit einer sauberen Schere oder einem sehr scharfen Messer in Würfel schneiden.

2/ Die Würfel, den Zucker und etwa einen Esslöffel Zitronensaft vorsichtig in einem großen Topf vermengen. Das Ganze bei mittlerer Hitze 7 bis 10 Minuten unter häufigem Rühren zum Kochen bringen.

3/ Den Topf vom Herd nehmen, die Bonbons mit einer Zange oder einem Sieb aus dem Topf nehmen und auf ein mit Pergamentpapier ausgelegtes Backblech legen. Den Sirup abkühlen lassen, bis er leicht andickt, und damit die Bonbons übergießen.

4/ Nun ca. 20 Minuten im Ofen bei 175°C backen. Dann aus dem Ofen nehmen und abkühlen lassen. Du kannst die Bonbons noch mit einer Mischung aus geriebener Zitronenschale und Zucker bestreuen.

GLOSSAR

BATCH
Charge, Menge, Produktion

FERMENTATION
auch: Fermentierung. Gärvorgang, dem bestimmte organische Stoffe unter Einwirkung von Enzymen unterliegen, die von Mikroorganismen abgegeben werden. In unserem Fall fermentiert Zucker und Tee unter Einwirkung von Hefen und Bakterien, die in der Kombucha-Mutter, die den Kombucha ergibt, enthalten sind.

SCOBY/KOMBUCHA-PILZ/ TEEPILZ/KOMBUCHA-MUTTER
Biofilm aus bakterieller Cellulose, der sich dank der Symbiose aus Hefen und Bakterien auf der Oberfläche des (aus Tee + Zucker bestehenden) Getränks bildet.

STARTER
Wird auch als Starterflüssigkeit oder Ansatzflüssigkeit bezeichnet. Diese ist nichts anderes als ein bereits fertig fermentierter Kombucha, der alle Bakterien und Hefen enthält, die notwendig sind, um einen Kombucha aufzubauen. In der Regel nimmt man 10 cl Starter auf 1 Liter Kombucha.

SYMBIOSE/SYMBIOTISCHE KULTUR
Dieser Begriff bedeutet „Zusammenleben“. Er beschreibt eine biologische Beziehung zwischen zwei Organismen unterschiedlicher Arten, die direkten Kontakt haben. In unserem Fall beruht die Beziehung auf „Gegenseitigkeit“, das heißt, die Wechselwirkungen der beiden Organismen finden zu ihrem gegenseitigen Nutzen statt.

merci

An meine Eltern, meiner großen Quelle der Inspiration, die besten und die ersten, die auch meine verrücktesten Ideen stets unterstützt haben.

An meine engsten Freunde, Jo, Alex, Johana, für ihre bedingungslose Hilfe und Unterstützung.

An Alena, für dieses kostbare Geschenk, das sie mir gemacht hat, und an Chisumi, dass sie die Erste war, die mich dieses zauberhafte Getränk entdecken ließ.

An alle, die dieses Projekt von Anfang an und von nah und fern unterstützt haben.

Und ein großes Dankeschön an Éditions Ulmer für ihre Begeisterung und die künstlerische Freiheit, die sie mir gelassen haben.

M
A

M
A

Das Coverfoto stammt von Ramil Gibadullin/Shutterstock.com.
Alle restlichen Fotos und Illustrationen stammen von der Autorin Julie Ponge.

Die in diesem Buch enthaltenen Empfehlungen und Angaben sind von der Autorin mit größter Sorgfalt zusammengestellt und geprüft worden. Eine Garantie für die Richtigkeit der Angaben kann aber nicht gegeben werden. Autorin und Verlag übernehmen keine Haftung für Schäden und Unfälle. Bitte setze bei der Anwendung der in diesem Buch enthaltenen Empfehlungen dein persönliches Urteilsvermögen ein oder konsultiere einen Arzt.
Der Verlag Eugen Ulmer ist nicht verantwortlich für die Inhalte der im Buch genannten Websites.

Anmerkung zur Schreibweise (Gendering): Gendergerechtigkeit und Inklusion sind bei uns gelebte Praxis – bei der Auswahl unserer Themen, bei der Recherchearbeit, in der Gestaltung. Unsere Texte meinen alle. Damit unsere Inhalte jedoch gut lesbar bleiben, verzichten wir in diesem Werk auf die jeweilige Mehrfachnennung oder Anpassung der Schreibweise bestimmter Bezeichnungen an die weibliche, männliche oder diverse Form.

Bibliografische Information der Deutschen Nationalbibliothek
Die Deutsche Nationalbibliothek verzeichnet diese Publikation in der Deutschen Nationalbibliografie; detaillierte bibliografische Daten sind im Internet über http://dnb.d-nb.de abrufbar.

Die französischsprachige Originalausgabe erschien erstmals im Jahr 2022 unter dem Originaltitel „Faire son Kombucha“ bei Les Éditions Ulmer. www.editions-ulmer.fr

Deutschsprachige Ausgabe:

Wollgrasweg 41, 70599 Stuttgart (Hohenheim)
E-Mail: info@ulmer.de
Internet: www.ulmer.de
Projektleitung: Jennifer Zajonz
Übersetzung: Claudia Händel
Lektorat: Claudia Boss-Teichmann
Herstellung: Katharina Merz
Umschlaggestaltung: Michaela Mayländer, Stuttgart, www.sistermic.de
Satz: Fotosatz Buck, Kumhausen
Reproduktion: time:ray, Jettingen
Druck und Bindung: Printer Trento S.r.L., Trento-Gardolo
Printed in Italy

ISBN 978-3-8186-1942-8

MIX
Papier | Fördert gute Waldnutzung
FSC
www.fsc.org
FSC® C015829